yukibooks.com/b/695ae6

fille

girl

garçon

boy

maman

🇺🇸 mommy

🇬🇧 mummy

papa

daddy

jeune

young

vieux

old

enfant

child

adulte

adult

accepter

accept

refuser

refuse

oui

yes

non

no

sourire

smile

pleurer

cry

joyeux

happy

triste

sad

seul

alone

ensemble

together

bruit

noise

silence

quiet

chaud

hot

froid

cold

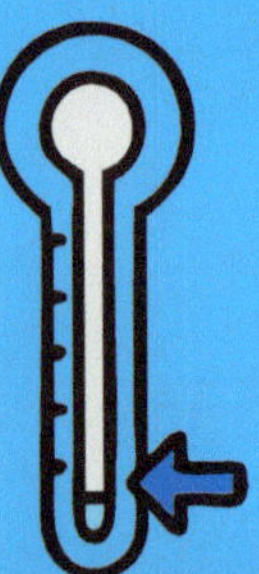

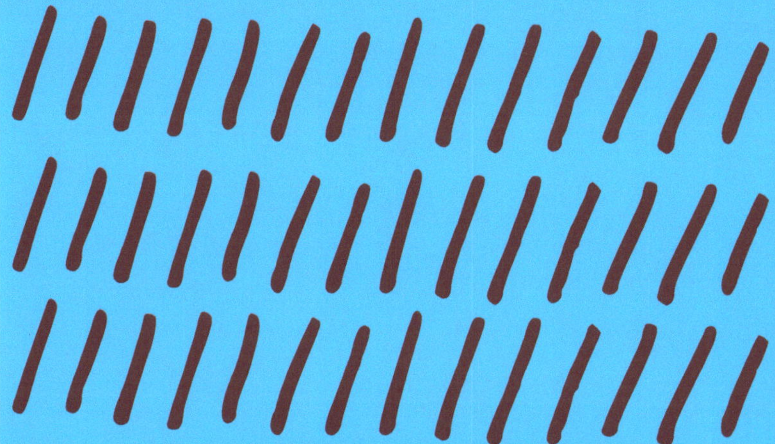

un peu
a little

beaucoup
a lot

solide
solid

liquide
liquid

court

short

long

long

lent

slow

rapide

fast

minuscule

tiny

petit

small

grand

big

énorme

huge

dedans

in

dehors

out

gonflé

inflated

dégonflé

deflated

sur

on

sous

under

sale

dirty

propre

clean

identique

identical

différent

different

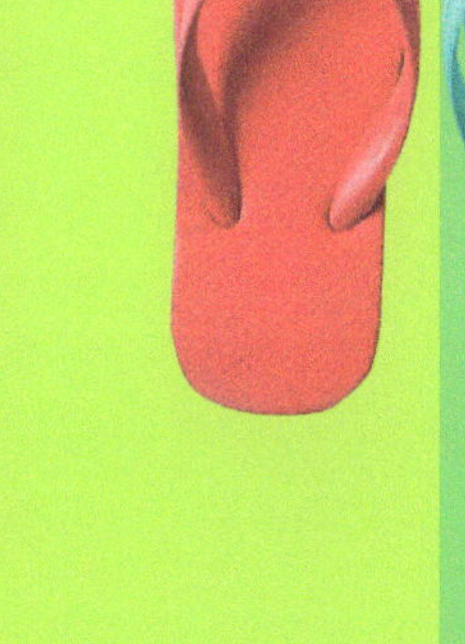

gauche

left

droite

right

$$1 + 1 = 5$$

faux

wrong

$$1 + 1 = 2$$

correct

correct

mince

thin

épais

thick

facile

easy

difficile

difficult

fermé

close

ouvert

open

grand
tall

petit
short

en bonne santé

healthy

malade

sick

jour

day

nuit

night

jouer

play

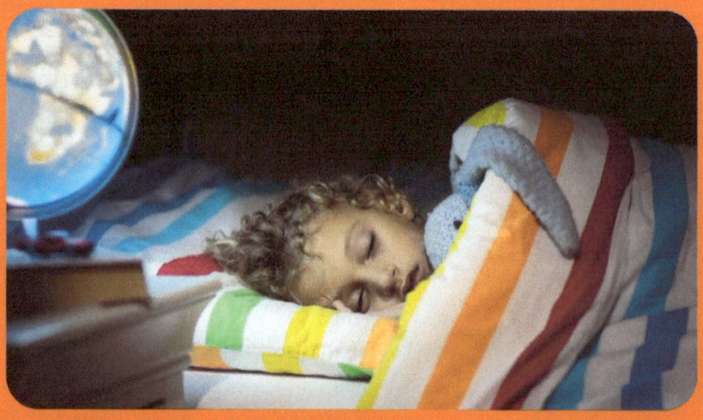

dormir

sleep

ensoleillé

sunny

nuageux

cloudy

pluvieux

rainy

orageux

stormy

blanc
white

noir
black

couleurs claires
light colors

couleurs foncées
dark colors

sucré

sweet

acide

sour

salé

salty

amer

bitter

entier
whole

moitié
half

rempli
full

vide
empty

manger
eat

boire
drink

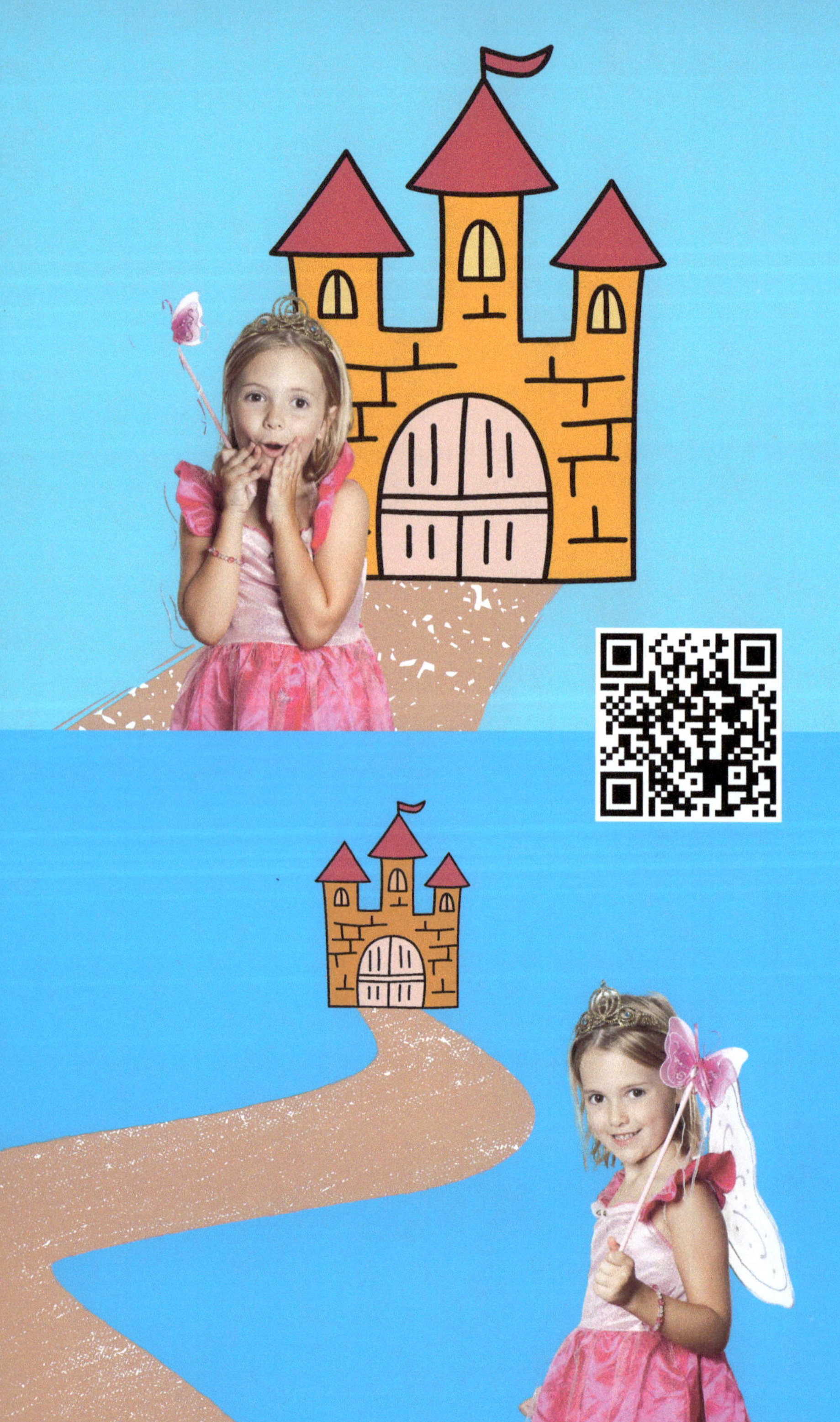

près

near

loin

far

là

there

ici

here

debout
stand up

allongé
lay down

assis
sit down

cheveux bouclés
curly hair
cheveux raides
straight hair

trempé

soaked

mouillé

wet

sec

dry

devant

in front of

derrière

behind

entre

between

à côté de

beside

toit

roof

sol

floor

lourd

heavy

léger

light

fragile

fragile

robuste

hardy

faible

weak

fort

strong

piquant

sharp

doux

soft

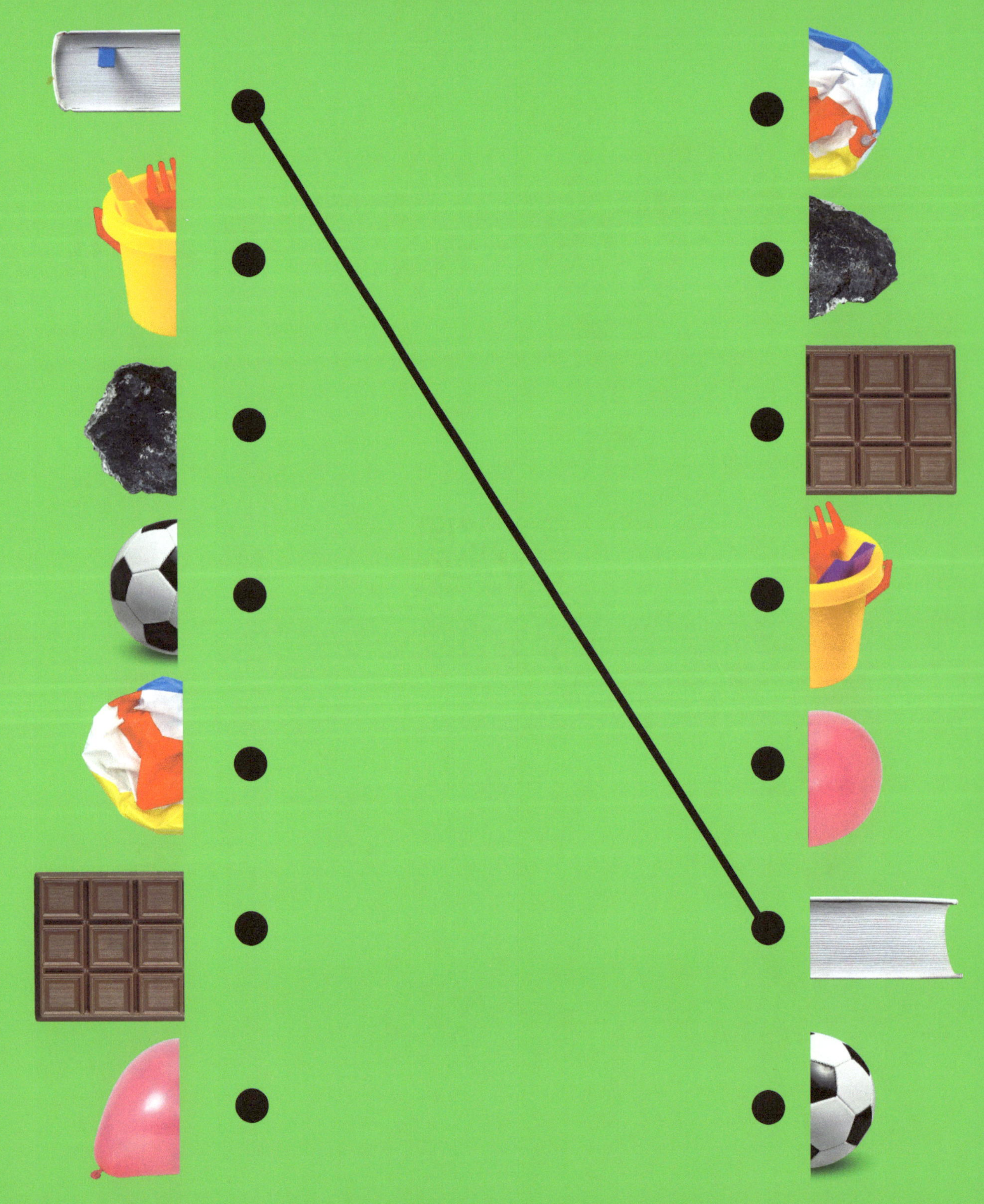

www.ingramcontent.com/pod-product-compliance
Lightning Source LLC
LaVergne TN
LVHW071639180726
843512LV00002B/341